Los campos pueden ser buenos

por Paige Delgado
ilustrado por Delvis Rael

Scott Foresman
is an imprint of

Glenview, Illinois • Boston, Massachusetts • Chandler, Arizona
Upper Saddle River, New Jersey

Illustrator
Delvis Rael

ISBN 13: 978-0-328-53574-3
ISBN 10:   0-328-53574-5

1 2 3 4 5 6 7 8 9 10 V0G1 18 17 16 15 14 13 12 11 10 09

Cuando Jennifer llegó a Haledon no sabía qué pensar. Salió del carro y miró los campos que rodeaban la casa. Eran verdes y extensos. Nunca había visto algo así en la ciudad.

Teresa, la hermana gemela de Jennifer, vino tras ella.

—¡Mira eso! —dijo.

A la distancia, las niñas podían ver los rascacielos de Ciudad Nueva. Jennifer pensó que se veían mucho más pequeños que antes. De repente, ella misma se sintió más pequeña.

Esa noche, la familia se sentó a su primera cena en el campo. Jennifer y Teresa no tenían mucho apetito.

—¿Qué pasa niñas? —preguntó su padre—. ¿No les gustan los guisantes?

—No tengo hambre —dijo Jennifer.

—Yo tampoco —dijo Teresa.

—Creo que yo sé lo que pasa —dijo su madre—. Niñas, tendrán que aceptar que ya no estamos en Ciudad Nueva. Ahora estamos en Haledon. Tienen espacio para pasear. ¡Hay tanto que pueden explorar!

—¡No es cierto! —dijo Jennifer, tratando de no levantar la voz—. ¡No hay nada que hacer aquí! ¡No hay un sitio que visitar!

Mamá y papá se veían tranquilos aunque preocupados. Teresa hace una rabieta con pucheros. Jennifer hace notar su disgusto. Parece que quiere discutir con sus padres. Le enfurece que la hayan obligado a mudarse.

—Aquí no hay tiendas —continúa Jennifer—. ¡No podemos ir al cine y no hay otro niño en millas!

Los padres escucharon las quejas de las niñas. El padre de Jennifer les permite terminar antes de decir cualquier cosa.

—Entiendo que estén enfadadas —dice Papá—, pero realmente necesito que le den una oportunidad a Haledon. Deben entender que ya no estamos en la ciudad y que las cosas serán diferentes de ahora en adelante.

Jennifer y Teresa escucharon a su padre mirando sus platos.

—Papá tiene razón —dice su madre—. ¿Por qué no exploran el área después de cenar? Hay mucho terreno por cubrir así que, ¡empiecen cuánto antes!

Las niñas se vieron una a otra como admitiendo la derrota.

—Está bien Mamá —dijo Jennifer.

Después de la cena, las niñas saldrían a explorar el área.

Las niñas llevaron consigo cuatro platos de cartón y formaron un campo de juego de béisbol.

—Tú serás el bateador —le dijo Jennifer a su hermana—, y yo seré el lanzador.

Las niñas tomaron turnos para lanzar la pelota antes de iniciar el juego. Jennifer estaba lista para lanzar cuando escuchó algo que provenía de los pastizales.

—¿Qué es ese ruido? —preguntó Teresa.

—No estoy segura —dijo Jennifer—. Vamos a ver.

—¡No! —gritó su hermana—. ¡Ve tú! Me quedaré aquí en caso de que necesitemos llamar a Mamá y Papá.

—Bien —dijo Jennifer—. Yo no tengo miedo—. Tomó el bate de béisbol y se acercó al campo.

Jennifer encontró un claro entre la paja y se adentró en el campo. Usó su bate como machete para marcar un camino. Se sintió como un aventurero de película, explorando la selva de Sudamérica en busca de tesoros. Se imaginó columpiándose sobre una enredadera a través de un río peligroso.

—¿Jennifer? —escuchó gritar a Teresa—. ¿Estás bien?

—¡Sí! —le contestó a gritos—. ¡Casi llego al tesoro!

—¿De qué hablas? —preguntó Teresa.

Jennifer no respondió. Escuchó nuevamente el sonido de las ramas. Se volteó y vio dos ojos feroces mirándola fijamente desde las sombras. Tiró el bate y se paralizó.

—¡Ay! —gritó Jennifer.

Cuando abrió los ojos, estaba otra vez
en el campo. Una extraña niña de su edad
estaba parada frente a ella, riéndose de modo
histérico.

—¡Ja, ja! ¡Te asusté! —dijo la niña.

—Sí, lo hiciste —dijo Jennifer. Estaba algo
avergonzada.

—Lo siento —dijo la niña—. Me llamo
Annie. Annie Blackburn. Te ví pasear hoy por
ahí. ¡Somos vecinas!

—Hola Annie. Me llamo Jennifer Acuña.
Acabamos de llegar de Ciudad Nueva.

—¿Ciudad Nueva? —dijo Annie—. ¡Qué
bien! Yo soy de Rivington.

—¿También eres de la ciudad? —preguntó
Jennifer.

—Sí. Llegamos hace un año. ¿No te
encanta?

—¿Jennifer? —Gritó nuevamente Teresa—
¿Pasa algo?

Caminó entre la paja y encontró a su
hermana con Annie.

—Ella es mi hermana gemela, Teresa —dijo
Jennifer—. Ella es Annie. Es nuestra vecina.

—¡Hola! —dijo Annie.

—No estoy segura de que me guste vivir
aquí —le dijo Jennifer—. Extraño la ciudad.
Había más cosas que hacer.

Annie las miró como si estuvieran locas.

—¿De qué hablan? ¡Este lugar es mucho
más divertido!

Jennifer y Teresa no le creyeron. Miraron a
Annie como si ella fuera la que estuviera loca.

—Vamos —dijo Annie—. Les mostraré de qué hablo.

Las niñas siguieron a Annie fuera del campo y hacia el bosque cercano. Ni siquiera sabían que existía ese lugar.

—Qué bien —dijo Teresa—. ¡Es precioso!

—¡No han visto la mejor parte! —dijo Annie.

Caminaron un poco más y llegaron a un grupo de casitas de árbol. En una de las tres, alguien había grabado las palabras "Bienvenido a Forestwood, Población: 8,000,000".

—¿Hiciste una pequeña ciudad? —preguntó Jennifer.

—Sí —dijo Annie—. Vengo aquí cuando me siento un poco nostálgica.

—¿Te funciona? —preguntó Teresa.

—Casi siempre —dijo Annie—. Pero ahora también la pueden visitar ustedes.

—Permítanme mostrarles.

Annie llevó a las niñas de paseo por Forestwood. Se sorprendieron de lo bien hecho que estaba todo. Había un parque para perros, un muelle por el pequeño río e incluso una entrada al tren subterráneo. Jennifer miró al interior de la entrada y vio que Annie había hecho pequeños collages con imágenes de su antiguo hogar en la ciudad.

—¡Extraordinario! —dijo Jennifer.

—Eso me trae recuerdos de mis amigos y familia en casa —dijo Annie mientras se acercaba.

—¿No te hace extrañarlos más? —preguntó Jennifer.

—No —dijo—. Los extraño mucho, pero esto me ayuda a recordar los buenos momentos con ellos.

—¿Nadas ahí? —preguntó Teresa, señalando el pequeño río.

—¡A veces! —dijo Annie— ¿Quieren nadar ahora?

—No traemos trajes de baño— dijo Jennifer.

—¿Y? —dijo Annie—. ¡Eso nunca me detiene!

Corrió hasta el río y saltó con todo y ropa.

Teresa se rió y siguió a Annie al agua. Jennifer dudó al principio, pero después pensó que nadie la juzgaría en Forestwood.

—¡Esperen! —gritó y se unió a ellas en el agua. Hacía años desde la última vez que había nadado.

Un poco más tarde, Jennifer y Teresa regresaron a casa.

—¡Están empapadas! —dijo su madre —¿Qué sucedió?

—Fuimos a nadar —dijo Teresa.

—¿Nadar? —preguntó su madre.

—¡Sí! Fuimos con nuestra amiga Annie. Es nuestra vecina.

Su madre comenzó a reír.

—Bien, me alegra que hicieran una amiga tan pronto, pero no deberían nadar con ropa tan buena. Vamos a que se cambien y se preparen para dormir.

Al día siguiente, los Acuña invitaron a los Blackburn a un picnic. Tuvieron un verdadero festín e intercambiaron historias acerca de mudarse a Haledon desde diferentes ciudades.

Jennifer y Teresa hicieron amistad rápidamente con Annie. Aunque extrañaban la ciudad, se dieron cuenta de que no la necesitaban para divertirse. Había mucho que hacer. Y si alguna vez extrañaban la ciudad, siempre podían visitar Forestwood.

Recorrido rápido

Muchas ciudades usan sistemas de transporte rápido como principal medio de transporte. Aunque hay varios nombres como "subterráneo", "metro" y "tren subterráneo", el nombre común es "transporte rápido".

El primer sistema de transporte rápido fue el tren subterráneo de Londres que se construyó en 1863. Su propósito fue conectar las principales estaciones de ferrocarril en la ciudad. El primer sistema en los Estados Unidos fue el de Nueva York en 1868.

Hoy hay sistemas por todo el mundo. Algunos de los más famosos son el MTA de Nueva York, que está organizado con base en un sistema de rectas paralelas. El sistema de Chicago está construido alrededor de un círculo central en el corazón de la ciudad. Las líneas salen hacia diferentes partes de la ciudad en diferentes puntos del círculo.

¿Qué tipos de sistema de transporte público conoces? ¿Has viajado en alguno?